ENGLISH   BURMESE

Topical Dictionary

By Jessy Gonzales

Table of Contents

English   Burmese 8

MAIN CONCEPTS   အဓိကသဘောတရားများ 8

Pronouns   နာမ်စား 8

Basic phrases   အခြေခံထားသောစာပိုဒ်တိုများ 8

How to address a person   အယူခံ 10

Numbers from 0 to 100   0 ကနေ 100 အထိနံပါတ်များ 10

Numbers from 100 to milliard   100 ကနေ milliard မှဂဏန်း 13

Ordinal Numbers   ပုံမှန်နံပါတ်များ 14

Fractions   အပိုင်းအစများ 15

Mathematical Operations   သင်္ချာစစ်ဆင်ရေး 15

Words involved in calculations   တွက်ချက်မှုတွင်ပါဝင်သောစကားလုံးများ 16

Most important Verbs   အရေးအကြီးဆုံးကြိယာများ 17

Colors   အရောင်များ 25

Most Popular Questions   လူကြိုက်အများဆုံးမေးခွန်းများ 27

Prepositions   သီလ 28

Basic Introductory Words and Adverbs   အခြေခံနိဒါန်းစကားနှင့်သုတ္တံစကား 29

Basic Introductory Words and Adverbs   အခြေခံနိဒါန်းစကားနှင့်သုတ္တံစကား 33

Days of the week   ရက်သတ္တပတ်၏နေ့ရက်များ 35

Times of Day   နေ့ရဲ့အချိန်များ 36

Seasons   ရာသီ 38

Words about time   အချိန်နှင့်ပတ်သက်သောစကား 41

The main antonyms   အဓိကဆန့်ကျင်ဘက် 44

Geometric shapes   ဂျီ ometric မေတြီပုံစံများ 47

Measures	အစီအမံ	50
Capacities	စွမ်းဆောင်ရည်	52
Materials	သင်ထောက်ကူပစ္စည်းများ	53
Metalls	Metalls	55
Human	လူ့	56
Anatomy	ခန္ဓာဗေဒ	57
Head	ဦး ခေါင်း	58
Body Parts	ကိုယ်ခန္ဓာအစိတ်အပိုင်းများ	61
Clothes	အဝတ်အထည်များ	63
outerwear	အပြင်ဘက်အဝတ်အစား	63
Clothes	အဝတ်အထည်များ	63
Undergarments	အတွင်းခံ	65
Hats	ဦး ထုပ်	65
Shoes	ရှူးဖိနပ်များ	66
Tissue	တစ်ရှူး	67
Accessories	ဆက်စပ်ပစ္စည်းများ	68
	အဝတ်အထည်များ	69
Hygiene and cosmetics	တစ်ကိုယ်ရေသန့်ရှင်းမှုနှင့်အလှကုန်	71
Jewelry	လက်ဝတ်ရတနာ	73
Watch	စောင့်ကြည့်	74
Food	အစားအစာ	75
Food	အစားအစာ	75
Drinks	အချိုရည်	79
Vegetables	ဟင်းသီးဟင်းရွက်များ	81

Fruits and Nuts သစ်သီးများနှင့်အခွံမာသီး 83

Bread and Sweets ပေါင်မုန့်နှင့်သကြားလုံးများ 85

Courses သင်တန်းများ 86

Spices and seasonings နံ့သာမျိုးနှင့်ရာသီ 88

Words for eating အစာစားခြင်အတွက်စကားလုံးများ 89

မီးဖိုချောင်သုံး 91

Restaurant စားသောက်ဆိုင် 91

ပတ်ဝန်းကျင် 93

Questionnaire မေးခွန်းလွှာ 93

Relatives ဆွေမျိုးများ 93

Friends and Collegues သူငယ်ချင်းများနှင့်ကော်လိပ်များ 96

Words about people လူတို့နှင့်ပတ်သက်သောစကား 97

လက်ထပ်ပြီးဘဝ 101

လက်ထပ်ပြီးဘဝ 101

Feelings ခံစားချက် 103

Personal Traits ကိုယ်ပိုင်စရိုက်များ 106

Sleep အိပ်ပါ 109

Talk စကားပြော 114

Agreement and Disagreement သဘောတူညီချက်နှင့်သဘောမတူညီ 118

Success and defeat အောင်မြင်မှုနှင့်ရှုံးနိမ့်မှု 120

အနုတ်လက္ခဏာစိတ်ခံစားမှု 121

Medicine ဆေး 125

Illness ဖျားနာ 125

Symptoms and Treatment ရောဂါလက္ခဏာများနှင့်ကုသမှု 128

Medical specialties   ဆေးဘက်ဆိုင်ရာအထူး 134

Medicines   ဆေးဝါးများ 134

Smoking   ဆေးလိပ် 136

MAIN CONCEPTS အဓိကသဘောတရားများ

Pronouns နာမ်စား

I , me	ငါ
you	မင်း
he	သူ
she	သူမ
it	က
we	ငါတို့
you	မင်း
they	သူတို့

Basic phrases အခြေခံထားသောစာပိုဒ်တိုများ

Hello!	ဟယ်လို!
Hello!	ဟယ်လို!
Good morning!	မင်္ဂလာနံနက်ခင်းပါ!
Good afternoon!	မင်္ဂလာနေ့လည်ခင်း!
Good evening!	မင်္ဂလာညနေခင်းပါ!

to say hello	ဟဲလို
Hi!	မင်္ဂလာပါ
greeting	နှုတ်ခွန်းဆက်ပါတယ်
to greet	နှုတ်ဆက်ဖို့
How are you?	နေကောင်းလား?
What's new?	ဘာထူးသလဲ?
Bye-Bye! Goodbye!	နှုတ်ဆက်ပါတယ် သွားတော့မယ်!
See you soon!	မကြာခင်ပြန်ဆုံကြမယ်!
to say goodbye	နှုတ်ဆက်ရန်
Cheers!	ရှင်လန်း!
Thank you!	ကျေးဇူးတင်ပါတယ်!
Thank you very much!	ကျေးဇူးအများကြီးတင်ပါတယ်!
My pleasure!	ဝမ်းသာစွာဖြင့်!
Don't mention it!	အဲဒါကိုမပြောပါနဲ့!
Excuse me!	တဆိတ်လောက်!
to excuse	ဆင်ခြေ
to apologize	တောင်းပန်ရန်
My apologies	Myတောင်းပန်ပါတယ်
I'm sorry!	ကိုယ်စိတ်မကောင်းပါဘူး!

It's okay!	အဆင်ပြေပါတယ်
please	ကျေးဇူးပြု
Don't forget!	မမေ့ပါနှင့်!
Certainly!	သေချာပါတယ်!
Of course not!	ဘယ်ဟုတ်မလဲ!
Okay!	အိုကေ!
That's enough!	လုံလောက်ပါတယ်

How to address a person အယူခံ

mister, sir	အစ်မ
madam	မင်္ဂလာပါ
miss	လွမ်းတယ်
young man	လူပျို
young man	လူပျို
miss	လွမ်းတယ်

Numbers from 0 to 100 0 ကနေ 100 အထိနံပါတ်များ

zero	သုည
one	တစ်ခု
two	နှစ်

three	သုံး
four	လေး
five	ငါး
six	ခြောက်
seven	ခုနစ်
eight	ရှစ်
nine	ကိုး
ten	တဆယ်
eleven	တကျိပ်တပါး
twelve	တကျိပ်နှစ်ပါး
thirteen	ဆယ်
fourteen	တဆယ်လေး
fifteen	ဆယ့်ငါး
sixteen	ဆယ့်ခြောက်
seventeen	ဆယ့်ခုနစ်
eighteen	ဆယ့်ရှစ်
nineteen	ကိုး
twenty	နှစ်ဆယ်
twenty-one	နှစ်ဆယ့်တစ်

twenty-two	နှစ်ဆယ့်နှစ်
twenty-three	နှစ်ဆယ့်သုံး
thirty	သုံးဆ
thirty-one	သုံးဆယ့်တစ်
thirty-two	သုံးဆယ့်နှစ်
thirty-three	သုံးဆယ့်သုံး
forty	လေးဆယ်
forty-one	လေးဆယ့်တစ်
forty-two	လေးဆယ့်နှစ်
forty-three	လေးဆယ့်သုံး
fifty	ငါးဆယ်
fifty-one	ငါးဆယ့်တစ်
fifty-two	ငါးဆယ့်နှစ်
fifty-three	ငါးဆယ့်သုံး
sixty	ခြောက်ဆယ်
sixty-one	ခြောက်ဆယ့်တစ်
sixty-two	ခြောက်ဆယ်နှစ်
sixty-three	ခြောက်ဆယ့်သုံး
seventy	ခုနစ်ဆယ်

seventy-one	ခုနစ်ဆယ့်တစ်
seventy-two	ခုနစ်ဆယ့်နှစ်
seventy-three	ခုနစ်ဆယ်သုံးယောက်၊
eighty	ရှစ်ဆယ်
eighty-one	ရှစ်ဆယ့်တစ်
eighty-two	ရှစ်ဆယ့်နှစ်
eighty-three	ရှစ်ဆယ့်သုံး
ninety	ကိုးဆယ့်
ninety-one	ကိုးဆယ့်တစ်
ninety-two	ကိုးဆယ့်နှစ်
ninety-three	ကိုးဆယ်သုံး

Numbers from 100 to milliard 100 ကနေ milliard မှဂဏန်း

one hundred	တစ်ရာ
two hundred	နှစ်ရာ
three hundred	သုံးရာ
four hundred	လေးရာ
five hundred	ငါးရာ
six hundred	ခြောက်ရာ
seven hundred	ခုနစ်ရာ

eight hundred	ရှစ်ရာ
nine hundred	ကိုးရာ
thousand	ထောင်ပေါင်းများစွာ
two thousand	နှစ်ထောင်
three thousand	သုံးထောင်
ten thousand	တစ်သောင်း
one hundred thousand	တစ်သိန်း
million	သန်း
billion	ဘီလီယံ

Ordinal Numbers ပုံမှန်နံပါတ်များ

first	ပထမ
second	ဒုတိယ
third	တတိယ
fourth	စတုတ္ထ
fifth	ပဉ္စမအချက်
sixth	ဆဋ္ဌမ
seventh	သတ္တမမြောက်
eighth	အဋ္ဌမ

| ninth | နဝမ |
| tenth | ဒသမ |

Fractions အပိုင်းအစများ

fraction	အစိတ်အပိုင်း
one half	တစ်ဝက်
one third	သုံးပုံတစ်ပုံ
one quarter	လေးပုံတစ်ပုံ
one eighth	အeight၍မတစ်
one tenth	ဆယ်ပုံတစ်ပုံ
two thirds	သုံးပုံနှစ်ပုံ
three quarters	လေးပုံသုံးပုံ

Mathematical Operations သင်္ချာစစ်ဆင်ရေး

subtraction	အနုတ်
to subtract	နုတ်ရန်
division	ဌာနခွဲ
to divide	ဝေရန်
addition	ထို့အပြင်
to add up	တက်ထည့်ရန်

to add	ထည့်သွင်းရန်
multiplication	မြှောက်ခြင်း
to multiply	ပွားရန်

Words involved in calculations   တွက်ချက်မှုတွင်ပါဝင်သောစကားလုံးများ

figure	ပုံ
number	နံပါတ်
numeral	ဂဏန်း
minus	အနုတ်
plus	ပေါင်း
formula	ပုံသေနည်း
calculation	တွက်ချက်မှု
to count	ရေတွက်ရန်
to compare	နှိုင်းယှဉ်ရန်
How much?	ဘယ်လောက်လဲ?
How many?	ဘယ်လောက်လဲ?
sum, total	ပေါင်းလဒ်, စုစုပေါင်း
result	ရလဒ်
remainder	ကျန်
a few ...	အနည်းငယ် ...

few ...	အနည်းငယ် ...
the rest	ကျန်ရှိနေသော
one and a half	တစ်နှစ်ခွဲ
dozen	ဒါဇင်
in half	ထက်ဝက်ထဲမှာ
equally	ညီတူညီမျှ
half	တစ်ဝက်
time	အချိန်

Most important Verbs အရေးအကြီးဆုံးကြိယာများ

to run	ပြေးရန်
to be afraid	ကြောက်ဖို့
to take	ယူရန်
to be	ဖြစ်ရန်
to see	ကြည့်ရန်
to own	ပိုင်ဆိုင်ရန်
to object	ကန့်ကွက်ရန်
to come in	လာရန်
to choose	ရွေးချယ်ဖို့

to go out	ထွက်သွားရန်
to speak	စကားပြောရန်
to cook	ချက်ပြုတ်ရန်
to give	ပေးရန်
to do	လုပ်ရန်
to trust	ယုံကြည်ဖို့
to think	စဉ်းစားရန်
to complain	တိုင်ကြားရန်
to wait	စောင့်ဆိုင်းရန်
to forget	မေ့သွားတယ်
to have breakfast	နံနက်စာစားရန်
to order	မှာယူရန်
to finish	ပီးဆုံးရန်၌
to notice	သတိထားမိရန်
to write down	ချရေးရန်
to defend	ကာကွယ်ရန်
to call	ခေါ်ရန်
to know	သိရန်
to know	သိရန်

to play	ကစားရန်
to go	သွားရန်
to excuse	ဆင်ခြေ
to change	ပြောင်းလဲရန်
to study	လေ့လာရန်
to have	ရန်ရှိသည်
to be interested in ...	စိတ်ဝင်စားဖြစ် ...
to inform	အကြောင်းကြားရန်
to look for ...	ရှာဖွေရန် ...
to control	ထိန်းချုပ်ရန်
to steal	ခိုးယူရန်
to shout	ကြွေးကြော်သံ
to go for a swim	ရေကူးသွားဖို့
to fly	ပျံသန်းရန်
to catch	ဖမ်းရန်
to break	ချိုးရန်
to love	ချစ်ဖို့
to pray	ဆုတောင်းရန်
to keep silent	တိတ်ဆိတ်စွာနေရန်

can	လုပ်နိုင်
to observe	စောင့်ကြည့်ဖို့
to hope	မျှော်လင့်ဖို့
to punish	အပြစ်ပေးရန်
to insist	အပြင်းအထန်တောင်းဆိုဖို့
to find	ရှာရန်
to begin	စတင်ရန်
to underestimate	လျှော့တွက်ရန်
to fancy	ဖန်စီ
to have lunch	နေ့လည်စာစားရန်
to promise	ကတိပေးရန်
to deceive	လှည့်ဖြားရန်
to discuss	ဆွေးနွေးရန်
to unite	စည်းလုံးရန်
to explain	ရှင်းပြရန်
to mean	ဆိုလိုသည်
to liberate	လွတ်မြောက်စေရန်
to insult	စော်ကားရန်
to stop	ရပ်ရန်

to answer	ဖြေရန်
to guess right	မှန်ကန်စွာခန့်မှန်းရန်
to refuse	ြငင်းဆန်ရန်
to open	ဖွင့်လှစ်ရန်
to send	ပေးပို့ရန်
to hunt	အမဲလိုက်ရန်
to make a mistake	အမှားတစ်ခုလုပ်ရန်
to fall	ရန်
to translate	ဘာသာပြန်ရန်
to write	ရေးသားဖို့
to swim	ရေကူးရန်
to cry	ငိုရန်
to plan	စီစဉ်ရန်
to pay	ပေးရန်
to turn	လှည့်ရန်
to repeat	ပြန်လုပ်ရန်
to sign	လက်မှတ်ထိုးရန်
to give a hint	သဲလွန်စပေးရန်
to show	ပြသရန်

to help	ကူညီဖို့
to understand	နားလည်ရန်
to expect	မျှော်လင့်ဖို့
to propose	အဆိုပြုရန်
to prefer	ပိုနှစ်သက်သည်
to warn	သတိပေးရန်
to stop	ရပ်ရန်
to invite	ဖိတ်ကြားရန်
to arrive	ရောက်ရှိရန်
to order	မှာယူရန်
to belong to ...	ပိုင်ရန် ...
to try	ကြိုးစားရန်
to sell	ရောင်းရန်
to continue	ဆက်ရန်
to pronounce	အသံထွက်ရန်
to miss	သတိရ
to ask	မေးရန်
to forgive	ခွင့်လွှတ်ဖို့
to hide	ဖုံးကွယ်ဖို့

to confuse, to mix up	ရောထွေးရန်, ရောထွေးရန်
to work	အလုပ်လုပ်ရန်
to permit	ခွင့်ပြုရန်
to count on ...	ရေတွက်ရန် ...
to reserve, to book	ကြိုတင်စာရင်းသွင်းရန်, စာအုပ်ဆိုင်ရန်
to recommend	အကြံပြုဖို့
to drop	drop ရန်
to scold	ဆူရန်
to run, to manage	run ဖို့, စီမံခန့်ခွဲရန်
to dig	တူးရန်
to sit down	ထိုင်ရန်
to say	ပြောရန်
to follow ...	လိုက်ရန် ...
to hear	ကြားဖို့
to laugh	ရယ်မောရန်
to rent	ငှားဖို့
to advise	အကြံပေးဖို့
to agree	သဘောတူရန်
to regret	နောင်တရရန်

to create	ဖန်တီးရန်
to doubt	သံသယဖြစ်ရန်
to keep	စောင့်ရှောက်ရန်
to save, to rescue	ကယ်ဖို့, ကယ်ဆယ်ရန်
to ask	မေးရန်
to come down	ဆင်းရန်
to compare	နှိုင်းယှဉ်ရန်
to cost	ကုန်ကျရန်
to shoot	ရိုက်ကူးဖို့
to exist	တည်ရှိရန်
to count	ရေတွက်ရန်
to hurry	မြန်မြန်
to demand	ဝယ်လိုအားရန်
to be needed	လိုအပ်ခံရဖို့
to touch	ထိရန်
to kill	သတ်ရန်
to threaten	ခြိမ်းခြောက်ရန်
to be surprised	အံ့အားသင့်ဖို့
to have dinner	ညစာစားဖို့

to decorate	အလှဆင်ရန်
to smile	ပြုံးဖို့
to mention	ဖော်ပြရန်
to participate	ပါဝင်ရန်
to boast	ဝါကြွားရန်
to want	လိုချင်တယ်
to be hungry	ဆာလောင်မွတ်သိပ်ရန်
to be thirsty	ရေငတ်ရန်
to read	ဖတ်ရန်
to joke	ဟာသ

Colors   အရောင်များ

colour	အရောင်
shade	အရိပ်
hue	အရှုး
rainbow	သက်တံ
white	အဖြူ
black	အနက်ရောင်
grey	မီးခိုးရောင်
green	အစိမ်း

yellow	အဝါရောင်
red	အနီရောင်
blue	အပြာ
light blue	အပြာနုရောင်
pink	ပန်းရောင်
orange	လိမ္မော်သီး
violet	ခရမ်းရောင်
brown	အညိုရောင်
golden	ရွှေ
silvery	ငွေရောင်
beige	beige
cream	မုန့်
turquoise	စိမ်း
cherry red	ချယ်ရီနီ
lilac	နှင်းပွင့်
crimson	ကတ္တီပါနီ
light	အလင်း
dark	မှောင်မိုက်ကျသော
bright	တောက်ပ

coloured	အရောင်
colour	အရောင်
black-and-white	အဖြူအနက်ရောင် -and
plain	လွင်ပြင်
multicoloured	ရောင်စုံ

Most Popular Questions — လူကြိုက်အများဆုံးမေးခွန်းများ

Questions	မေးခွန်းများ
Who?	ဘယ်သူလဲ
What?	ဘာ?
Where?	ဘယ်မှာလဲ
Where?	ဘယ်မှာလဲ
Where ... from?	ဘယ်ကလဲ
When?	ဘယ်တော့လဲ?
Why?	အဘယ်ကြောင့်?
What for?	ဘာအတွက်လဲ?
How?	ဘယ်လိုလဲ?
Which?	ဘယ်
To whom?	ဘယ်သူ့ထံ?

About whom?	ဘယ်သူ့အကြောင်းလဲ။
About what?	ဘာအကြောင်းလဲ?
With whom?	ဘယ်သူနှင့်လဲ?
How many?	ဘယ်လောက်လဲ?
How much?	ဘယ်လောက်လဲ?
Whose?	ဘယ်သူ့လဲ။

Prepositions သီလ

with	နှင့်အတူ
without	မရှိ
to	ရန်
about	အကြောင်း
before	မတိုင်မီ
under	အောက်မှာ
above	အထက်
on	အပေါ်
from	မှ
of	၏
in	in
over	ကျော်လွန်

Where?	ဘယ်မှာလဲ
here	ဒီမှာ
there	အဲဒီမှာ
somewhere	တစ်နေရာရာမှာ
nowhere	ဘယ်နေရာမှာ
by	က
by the window	ပြတင်းပေါက်
Where?	ဘယ်မှာလဲ
here	ဒီမှာ
there	အဲဒီမှာ
from here	ဒီကနေ
from there	ထိုအရပ်မှ
close	ပိတ်
far	ဝေး
not far	မဝေးဘူး
left	ကျန်ခဲ့တယ်
on the left	ဘယ်ဘက်မှာ

to the left	ဘယ်ဘက်သို့
right	မှန်ပါတယ်
on the right	ညာဘက်တွင်
to the right	ညာဘက်သို့
in front	ရှေ့တွင်
front	ရှေ့
ahead	ရှေ့
behind	နောက်ကွယ်မှ
from behind	နောက်ကွယ်မှ
back	နောက်ကျော
middle	အလယ်တန်း
in the middle	အလယ်မှာ
at the side	ဘေးထွက်မှာ
everywhere	နေရာတိုင်းမှာ
around	ပတ်ပတ်လည်
from inside	အတွင်းကနေ
somewhere	တစ်နေရာရာမှာ
straight	တည့်တည့်
back	နောက်ကျော

from anywhere	ဘယ်နေရာမှာမဆို
from somewhere	တစ်နေရာရာကနေ
firstly	ပထမ
secondly	ဒုတိယ
thirdly	တတိယ
suddenly	ရုတ်တရက်
at first	အစဦးတွင်
for the first time	ပထမ ဦး ဆုံးအကြိမ်အဘို့
long before ...	မကြာမီ ...
for good	ကောင်းဘို့အတွက်
never	ဘယ်တော့မှမ
again	နောက်တဖန်
now	အခု
often	မကြာခဏ
then	ထို့နောက်
urgently	အရေးတကြီး
usually	ပုံမှန်အားဖြင့်
by the way, ...	စကားမစပ်, ...
possible	ဖြစ်နိုင်တယ်

probably	ဖြစ်ကောင်း
maybe	ဖြစ်နိုင်စရာ
besides ...	မှတပါး ...
that's why ...	အဲဒါကြောင့် ...
in spite of...	သော်လည်း...
thanks to ...	ကျေးဇူးတင်ပါတယ် ...
what	ဘာ
that	သော
something	တစ်ခုခု
anything, something	ဘာမှ
nothing	ဘာမှမ
who	ဘယ်သူလဲ
someone	တစ်စုံတစ်ယောက်
somebody	တစ်စုံတစ်ယောက်
nobody	ဘယ်သူမှ
nowhere	ဘယ်နေရာမှာ
nobody's	ဘယ်သူမှမ
somebody's	တစ်စုံတစ်ယောက်
so	ဒါပေါ့

also   ဒါ့အပြင်

too   အရမ်း

Basic Introductory Words and Adverbs   အခြေခံနိဒါန်းစကားနှင့်သုတ္တံစကား

Why?   အဘယ်ကြောင့်?

for some reason   အကြောင်းပြချက်အချို့ကြောင့်

because ...   ဘာဖြစ်လို့လဲဆိုတော့ ...

and   နှင့်

or   သို့မဟုတ်

but   ဒါပေမယ့်

for   အဘို့

too   အရမ်း

only   သာ

exactly   အတိအကျ

about   အကြောင်း

approximately   ခန့်မှန်းခြေအားဖြင့်

approximate   အနီးစပ်ဆုံး

almost   နီးပါး

the rest   ကျန်ရှိနေသော

the other   အခြား

other	အခြား
each	တစ်ခုချင်းစီကို
any	မဆို
much	အများကြီး
many	အများကြီး
many people	လူအများ
all	အားလုံး
in exchange for…	လဲလှယ်သည် ...
in exchange	လဲလှယ်အတွက်
by hand	လက်ဖြင့်
hardly	ခဲယဉ်း
probably	ဖြစ်ကောင်း
on purpose	ရည်ရွယ်ချက်အပေါ်
by accident	မတော်တဆ
very	အလွန်
for example	ဥပမာ
between	အကြား
among	အကြား
so much	အရမ်းများလွန်းတယ်

| especially | အထူးသဖြင့် |

Days of the week ရက်သတ္တပတ်၏နေ့ရက်များ

Monday	တနင်္လာနေ့
Tuesday	အင်္ဂါနေ့
Wednesday	ဗုဒ္ဓဟူးနေ့
Thursday	ကြာသပတေးနေ့
Friday	သောကြာနေ့
Saturday	စနေနေ့
Sunday	တနင်္ဂနွေနေ့
today	ဒီနေ့
tomorrow	မနက်ဖြန်
the day after tomorrow	မနက်ဖြန်နောက်တစ်နေ့
yesterday	မနေ့က
the day before yesterday	မနေ့ကမနေ့က
day	နေ့
working day	အလုပ်လုပ်ရက်
public holiday	အများပြည်သူပိတ်ရက်
day off	နားရက်

weekend	တနင်္ဂနွေ
all day long	တစ်နေ့လုံး
next day	နောက်နေ့
two days ago	လွန်ခဲ့တဲ့ ၂ ရက်က
the day before	မနေ့က
daily	နေ့စဉ်
every day	နေ့တိုင်း
week	သီတင်းပတ်
last week	ပြီးခဲ့သည့်အပတ်က
next week	လာမည့်အပတ်
weekly	အပတ်စဉ်
every week	အပတ်တိုင်း
twice a week	တစ်ပတ်နှစ်ကြိမ်
every Tuesday	အင်္ဂါနေ့တိုင်း

Times of Day   နေ့ရဲ့အချိန်များ

morning	မနက်
in the morning	မနက်ခင်းမှာ
noon, midday	မွန်းတည့်ပါ
in the afternoon	နေ့လည်ခင်းမှာ

evening	ညနေခင်း
in the evening	ညနေပိုင်းတွင်
night	ည
at night	ညမှာ
midnight	သန်းခေါင်ယံ
second	ဒုတိယ
minute	မိနစ်
hour	နာရီ
half an hour	နာရီဝက်
quarter of an hour	တစ်နာရီ၏လေးပုံတစ်ပုံ
fifteen minutes	၁၅ မိနစ်
twenty four hours	နှစ်ဆယ်လေးနာရီ
sunrise	နေထွက်
dawn	အရုဏ် ဦး
early morning	မနက်စောစော
sunset	နေ
early in the morning	နံနက်စောစော
today in the morning	ယနေ့နံနက်ယံ၌
tomorrow moning	မနက်ဖြန်မွန်

this afternoon	ဒီနေ့လည်ခင်း
in the afternoon	နေ့လည်ခင်းမှာ
tomorrow afternoon	မနက်ဖြန်နေ့လည်
tonight	ဒီည
tomorrow night	မနက်ဖြန်ည
at 3 o'clock sharp	3 နာရီမှာချွန်ထက်မှာ
about 4 o'clock	လေးနာရီခန့်
by 12 o'clock	12 နာရီမှာ
in 20 minutes	မိနစ် ၂၀ အတွင်း
in an hour	တစ်နာရီအတွင်း
on time	အချိန်မှန်
a quaretr to…	ရန် quaretr …
withing an hour	တစ်နာရီနှင့်အတူ
every 15 minutes	၁၅ မိနစ်တိုင်း
round the clock	နာရီပတ်ပတ်လည်

Seasons   ရာသီ

| January | ဇန်နဝါရီလ |
| February | ဖေဖော်ဝါရီလ |

March	မတ်လ
April	ဧပြီလ
May	မေလ
June	ဇွန်
July	ဇူလိုင်လ
August	သြဂုတ်လ
September	စက်တင်ဘာ
October	အောက်တိုဘာ
November	နိုဝင်ဘာ
December	ဒီဇင်ဘာ
spring	နွေဦး
in spring	နွေဦး ရာသီ၌
spring	နွေဦး
summer	နွေရာသီ
in summer	နွေရာသီမှာ
summer	နွေရာသီ
autumn	ဆောင်း ဦး
in autumn	ဆောင်း ဦး ရာသီ၌
autumn	ဆောင်း ဦး

winter	ဆောင်းရာသီ
in winter	ဆောင်းတွင်းမှာ
winter	ဆောင်းရာသီ
month	လ
this month	ၤ၍လတွင်
next month	နောက်လ
last month	ပြီးခဲ့သည့်လက
a month ago	လွန်ခဲ့သောတစ်လ
in a month	တစ်လအတွင်း
in two months	နှစ်လအတွင်း
a whole month	တစ်လလုံး
all month long	တစ်လလုံးလုံး
monthly	လစဉ်
bi-monthly	တစ်လနှစ်လ
every month	လစဉ်လတိုင်း
twice a month	တစ်လနှစ်ကြိမ်
year	နှစ်
this year	ဒီနှစ်
next year	နောက်နှစ်

last year	ပြီးခဲ့သည့်နှစ်က
a year ago	လွန်ခဲ့သောတစ်နှစ်က
in a year	တစ်နှစ်အတွင်း
in two years	နှစ်နှစ်အတွက်
a whole year	တစ်နှစ်လုံး
all year long	တစ်နှစ်ပတ်လုံး
every year	နှစ်စဉ်နှစ်တိုင်း
annual	နှစ်စဉ်
annually	နှစ်စဉ်
4 times a year	တစ်နှစ် ၄ ကြိမ်
date	ရက်စွဲ
date	ရက်စွဲ
calendar	ပြက္ခဒိန်
half a year	တစ်နှစ်ခွဲ
six months	ခြောက်လ
season	ရာသီ
century	ရာစုနှစ်

Words about time   အချိန်နှင့်ပတ်သက်သောစကား

| time | အချိန် |

instant	ချက်ချင်း
instant	ချက်ချင်း
period	ကာလ
life	ဘဝ
eternity	ထာဝရ
epoch	ယုဂ်
era	ခေတ်
cycle	သံသရာ
term , period	ကာလ, ကာလ
the future	အနာဂတ်
future	အနာဂတ်
next time	နောက်တစ်ကြိမ်
the past	အတိတ်
past	အတိတ်
last time	နောက်ဆုံးအချိန်
later	နောက်မှ
after	နောက်မှ
nowadays	ဒီနေ့
now	အခု

immediately	ချက်ချင်း
soon	မကြာမီ
in advance	ကြိုတင်ပြီး
a long time ago	အချိန်ကြာမြင့်စွာလွန်ခဲ့တဲ့
recently	မကြာသေးမီက
destiny	ကြမ္မာ
memories	အမှတ်တရများ
archives	မော်ကွန်းတိုက်
during ...	စဉ်အတွင်း ...
long, a long time	ရှည်လျားသောအချိန်ကြာမြင့်စွာ
not long	မရှည်
early	အစောပိုင်း
late	နောက်ကျ
forever	ထာဝရ
to start	စတင်ရန်
to postpone	ရွှေ့ဆိုင်းရန်
at the same time	တစ်ချိန်တည်းမှာပဲ
permanently	အမြဲတမ်း
constant	စဉ်ဆက်မပြတ်

temporary	ယာယီ
sometimes	တစ်ခါတစ်ရံ
rarely	ခဲသည်
often	မကြာခဏ

The main antonyms　　အဓိကဆန့်ကျင်ဘက်

rich	ကြွယ်ဝသော
poor	ဆင်းရဲတယ်
ill, sick	နေမကောင်း၊
healthy	ကျန်းမာ
big	ကြီးတယ်
small	သေးငယ်သည်
quickly	လျင်မြန်စွာ
slowly	တဖြည်းဖြည်း
fast	အစာရှောင်
slow	နှေးနှေး
cheerful	မင်္ဂလာပါ
sad	ဝမ်းနည်း
together	အတူတူ

separately	သီးခြားစီ
aloud	ကျယ်လောင်စွာ
silently	တိတ်တဆိတ်
tall	အရပ်ရှည်ရှည်
low	အနိမ့်
deep	နက်ရှိုင်းသည်
shallow	ရေတိမ်ပိုင်း
yes	ဟုတ်တယ်
no	မဟုတ်ဘူး
distant	ဝေးကွာသော
nearby	အနီးအနား
far	ဝေး
nearby	အနီးအနား
long	ကြာရှည်
short	တိုသည်
good	ကောင်းတယ်
evil	မကောင်းသော
married	လက်ထပ်ခဲ့သည်
single	တစ်ယောက်တည်း

to forbid	တားမြစ်ရန်
to permit	ခွင့်ပြုရန်
end	အဆုံး
beginning	အစ
left	ကျန်ခဲ့တယ်
right	မှန်ပါတယ်
first	ပထမ
last	နောက်ဆုံး
crime	ရာဇဝတ်မှု
punishment	ပြစ်ဒဏ်
to order	မှာယူရန်
to obey	လိုက်နာရန်
straight	တည့်တည့်
curved	ကွေး
heaven	ကောင်းကင်
hell	ငရဲ
to be born	မွေးဖွားလာဖို့ရန်
to die	သေဖို့
strong	အားကြီး

weak	အားနည်းနေ
old	အဟောင်း
young	ငယ်ရွယ်
old	အဟောင်း
new	အသစ်
hard	ခက်တယ်
soft	ပျော့ပျောင်းသည်
warm	နွေး
cold	အအေး
fat	အဆီ
slim	ပါးလွှာသော
narrow	ကျဉ်းသော
wide	ကျယ်ပြန့်
good	ကောင်းတယ်
bad	မကောင်းဘူး
brave	သတ္တိ
cowardly	သူရဲဘောကြောင်

Geometric shapes ဂျီometric မေ[တ္တီ]ပုံစံများ

| square | စတုရန်း |

square	စတုရန်း
circle	စက်ဝိုင်း
round	ပတ်ပတ်လည်
triangle	တြိဂံ
triangular	တြိဂံ
oval	ဘဲဥပုံ
oval	ဘဲဥပုံ
rectangle	စတုဂံ
rectangular	ထောင့်မှန်စတုဂံ
pyramid	ပိရမစ်
rhombus	ရှိုဟင်းဂျာ
trapezium	ကျောက်စိမ်း
cube	တုံး
prism	prism
circumference	လုံးပတ်
sphere	နယ်ပယ်
globe	ကမ္ဘာလုံး
diameter	အချင်း
radius	အချင်းဝက်မျဉ်း

perimeter	ပတ်လည်အတိုင်းအတာ
centre	စင်တာ
horizontal	အလျားလိုက်
vertical	ဒေါင်လိုက်
parallel	အပြိုင်
parallel	အပြိုင်
line	မျဉ်းကြောင်း
stroke	လေဖြတ်
straight line	မျဉ်းဖြောင့်
curve	အကွေး
thin	ပါးလွှာသော
contour	ပုံ
intersection	လမ်းဆုံ
right angle	ထောင့်မှန်
segment	အပိုင်း
sector	ကဏ္ဍ
side	ဘေးထွက်
angle	ထောင့်

weight	အလေးချိန်
length	အရှည်
width	width
height	အမြင့်
depth	အတိမ်အနက်ကို
volume	အသံအတိုးအကျယ်
area	.ရိယာ
gram	ဂရမ်
milligram	မီလီဂရမ်
kilogram	ကီလိုဂရမ်
ton	တစ်တန်
pound	ပေါင်
ounce	အောင်ခိုင်
metre	မီတာ
millimetre	မီလီမီတာ
centimetre	စင်တီမီတာ
kilometre	ကီလိုမီတာ

mile	မိုင်
inch	လက်မ
foot	ခြေထောက်
yard	ကိုက်
square metre	စတုရန်းမီတာ
hectare	ဟက်တာ
litre	လီတာ
degree	ဒီဂရီ
volt	ဗို့
ampere	ကမ္ပာရ
horsepower	မြင်းကောင်ရေ
quantity	အရေအတွက်
a little bit of ...	အနည်းငယ် ...
half	တစ်ဝက်
dozen	ဒါဇင်
piece	အပိုင်းအစ
size	အရွယ်အစား
scale	စကေး
minimum	အနိမ့်ဆုံး

the smallest	အငယ်ဆုံး
medium	အလယ်အလတ်
maximum	အများဆုံး
the largest	အကြီးဆုံး

Capacities စွမ်းဆောင်ရည်

jar	အိုးတလုံး
tin	tin
bucket	ပုံး
barrel	စည်
basin	အင်တုံ
tank	အကြံပေးအဖွဲ့
hip flask	တင်ပါး
jerry can	ဂျယ်ရီလုပ်နိုင်တဲ့
cistern	ရေလှောင်ကန်
mug	ခွက်
cup	ခွက်
saucer	ပန်းကန်ပြားပုံ
glass (tumbler)	ဖန်ခွက် (tumbler)
glass	ဖန်ခွက်

stew pot	အိုးဟင်းအိုး
bottle	ပုလင်း
neck	လည်ပင်း
carafe	ကျောက်တံတား
jug	ဘူး
vessel	ရေယာဉ်
pot	အိုး
vase	ပန်းအိုး
bottle	ပုလင်း
vial, small bottle	ဖလား၊ ဘူးသေး
tube	ပြွန်
sack (bag)	အိတ် (အိတ်)
bag	အိတ်
packet	အစုံလိုက်
box	သတ္တာ
box	သတ္တာ
basket	တောင်း

Materials သင်ထောက်ကူပစ္စည်းများ

material	ပစ္စည်း
wood	သစ်သား
wooden	သစ်သား
glass	ဖန်ခွက်
glass	ဖန်ခွက်
stone	ကျောက်
stone	ကျောက်
plastic	ပလပ်စတစ်
plastic	ပလပ်စတစ်
rubber	ရာဘာ
rubber	ရာဘာ
material, fabric	ပစ္စည်း, ထည်
fabric	ထည်
paper	စက္ကူ
paper	စက္ကူ
cardboard	ကတ်ထူပြား
cardboard	ကတ်ထူပြား
polythene	polythene
cellophane	ဆဲလ်ဖန်း

linoleum	linoleum
plywood	အထပ်သား
porcelain	ကြွေ
porcelain	ကြွေ
clay	ရွှံ့စေး
clay	ရွှံ့စေး
ceramics	ကြွေထည်မြေထည်၊
ceramic	ကြွေထည်

Metalls Metalls

metal	သတ္တု
metal	သတ္တု
alloy	သတ္တုစပ်
gold	ရွှေ
gold, golden	ရွှေ, ရွှေ
silver	ငွေ
silver	ငွေ
iron	သံ
iron, made of iron	သံ၊ သံဖြင့်ပြုလုပ်သောသံ
steel	သံမဏိ

steel	သံမဏိ
copper	ကြေးနီ
copper	ကြေးနီ
aluminium	လူမီနီယံ
aluminium	လူမီနီယံ
bronze	ကြေးဝါ
bronze	ကြေးဝါ
brass	ကြေးဝါ
nickel	နီကယ်
platinum	ပလက်တီနမ်
mercury	မာကျူရီ
tin	tin
lead	ခဲ
zinc	သွပ်

Human   လူ

| human being | လူသား |
| man | လူ |

woman	မိန်းမ
child	ကလေး
girl	မိန်းကလေး
boy	ယောက်ျားလေး
teenager	ဆယ်ကျော်သက်
old man	လူအို
old woman	မိန်းမကြီး

Anatomy ခန္ဓာဗေဒ

organism	သက်ရှိ
heart	နှလုံး
blood	သွေး
artery	သွေးလွှတ်ကြော
vein	သွေးကြော
brain	ဦးနှောက်
nerve	အာရုံကြော
nerves	အာရုံကြော
vertebra	ကျောရိုး
spine	ကျောရိုး
stomach	အစာအိမ်

intestines	အူမ
intestine	အူ
liver	အသည်း
kidney	ကျောက်ကပ်
bone	အရိုး
skeleton	အရိုးစု
rib	နံရိုး
skull	ဦးခေါင်းခွံ
muscle	ကြွက်သား
biceps	ကြွက်သား
triceps	သုံးဆ
tendon	ရှုတ်
joint	အဆစ်
lungs	အဆုတ်
genitals	လိင်အင်္ဂါ
skin	အရေပြား

Head ဦးခေါင်း

| head | ဦးခေါင်း |

face	မျက်နှာ
nose	နှာခေါင်း
mouth	ပါးစပ်
eye	မျက်လုံး
eyes	မျက်လုံးများ
pupil	ကျောင်းသား
eyebrow	မျက်ခုံး
eyelash	မျက်တောင်
eyelid	မျက်ခမ်း
tongue	လျှာ
tooth	သွား
lips	နှုတ်ခမ်း
cheekbones	ပါး
gum	သွားဖုံး
palate	အာခေါင်
nostrils	နှာခေါင်း
chin	မေး
jaw	မေး
cheek	ပါး

forehead	နဖူး
temple	ဘုရားကျောင်း
ear	နား
back of the head	ဦးခေါင်းနောက်ကျော
neck	လည်ပင်း
throat	လည်ချောင်း
hair	ဆံပင်
hairstyle	ဆံပင်
haircut	ဆံပင်ညှပ်
wig	ဆံပင်ဦးထုပ်
moustache	နှုတ်ခမ်းမွေး
beard	မုတ်ဆိတ်
to have	ရန်ရှိသည်
plait	ခေါက်
sideboards	အိမ်သာ
red-haired	ဆံပင်
grey	မီးခိုးရောင်
bald	ပြောင်
bald patch	ပြောင်သော patch ကို

ponytail   ponytail

fringe   မြတ်

Body Parts ကိုယ်ခန္ဓာအစိတ်အပိုင်းများ

hand	လက်
arm	လက်
finger	လက်ချောင်း
thumb	လက်မ
little finger	နည်းနည်းလက်ချောင်း
nail	လက်သည်း
fist	လက်သီး
palm	ထန်း
wrist	လက်ကောက်ဝတ်
forearm	လက်ဖျံ
elbow	တံတောင်ဆစ်
shoulder	ပခုံး
leg	ခြေထောက်
foot	ခြေထောက်
knee	ဒူး
calf	နွားသငယ်

hip	တင်ပါး
heel	ဖနောင့်
body	ကိုယ်ခန္ဓာ
stomach	အစာအိမ်
chest	ရင်ဘက်
breast	ရင်သားကင်ဆာ
flank	နံရံ
back	နောက်ကျော
lower back	နောက်ကျောကို
waist	ခါး
navel	ခါး
buttocks	တင်ပါး
bottom	အောက်ခြေ
beauty mark	အလှအပ
tattoo	ဆေးမင်ကြောင်ထိုး
scar	အမာရွတ်

Clothes အဝတ်အထည်များ

outerwear အပြင်ဘက်အဝတ်အစား

clothes	အဝတ်အစား
outer clothing	အပြင်ဘက်အဝတ်အစား
winter clothing	ဆောင်းရာသီအဝတ်အစား
overcoat	ကုတ်အင်္ကျီ
fur coat	သားမွေးကုတ်
fur jacket	သားရေဂျာကင်အင်္ကျီ
down coat	ချကုတ်
jacket	အနွေးထည်
raincoat	မိုးကာအင်္ကျီ
waterproof	ရေစိုခံ

Clothes အဝတ်အထည်များ

shirt	ရှပ်အင်္ကျီ
trousers	ဘောင်းဘီ
jeans	ဂျင်းဘောင်းဘီ
jacket	အနွေးထည်

suit	ဝတ်စုံ
dress	စားဆင်ယင်
skirt	စကတ်
blouse	အကျႍ
knitted jacket	ထိုးပြီးဂျာကင်အကျႍ
jacket	အနွေးထည်
T-shirt	တီရှပ်
shorts	ဘောင်းဘီတို
tracksuit	မင်္ဂလာပါ
bathrobe	ကဗျာ
pyjamas	ညအိပ်ရာမဝင်
sweater	ဆွယ်တာ
pullover	ကားရပ်သည်
waistcoat	ခါး
tailcoat	မင်္ဂလာပါ
dinner suit	ညစာစားဝတ်စုံ
uniform	ယူနီဖောင်း
work wear	အလုပ်ရှပ်
boiler suit	ဘွိုင်လာဝတ်စုံ

| coat | ကုတ်အက်ီ |

Undergarments အတွင်းခံ

underwear	အတွင်းခံအဝတ်အစား
vest	အက်ီ
socks	ခြေအိတ်
nightgown	နိုက်ကလပ်
bra	ဘရာစီယာ
knee highs	ဒူးအမြင့်
tights	ကျား
stockings	ခြေထောက်တွေ
swimsuit, bikini	ရေကူးဝတ်စုံ၊ ရေကူးဝတ်စုံ၊

Hats ဦးထုပ်

hat	ဦးထုပ်
trilby hat	trilby ဦးထုပ်
baseball cap	ဘေ့စ်ဘော ဦးထုပ်
flatcap	ချစ်တယ်
beret	ကတုံး
hood	ပါးစပ်

panama	ပနားမား
knitted hat	သိုးမွေး ဦး ထုပ်
headscarf	ခေါင်းလောင်း
women's hat	အမျိုးသမီး ဦး ထုပ်
hard hat	ဟပ် ဦး ထုပ်
forage cap	forage ဦး ထုပ်
helmet	သံခမောက်
bowler	ဘောလုံး
top hat	ထိပ် ဦး ထုပ်

Shoes ရှူးဖိနပ်များ

footwear	ဖိနပ်
ankle boots	ခြေကျင်းဖိနပ်
shoes	ဖိနပ်
boots	ဘွတ်ဖိနပ်
slippers	ဖိနပ်
trainers	သင်တန်းဆရာ
plimsolls, pumps	plimsolls, ပန့်များ
sandals	ခြေနင်း
cobbler	cobbler

heel	ဖနောင့်
pair	စုံတွဲတစ်တွဲ
shoelace	ဖိနပ်တစ်ရံ
to lace up	ထရန်
shoehorn	မင်္ဂလာပါ
shoe polish	ဖိနပ်

Tissue   တစ်ရှူး

cotton	ဝါဂွမ်း
cotton	ဝါဂွမ်း
flax	ပိုက်ဆန်
flax	ပိုက်ဆန်
silk	ပိုး
silk	ပိုး
wool	သိုးမွေး
woollen	သိုးမွေး
velvet	ကတ္တီပါ
suede	ဆွဲး
corduroy	ချစ်သူ

nylon	နိုင်လွန်
nylon	နိုင်လွန်
polyester	polyester
polyester	polyester
leather	သားရေ
leather	သားရေ
fur	သားမွေး
fur	သားမွေး

Accessories ဆက်စပ်ပစ္စည်းများ

gloves	လက်အိတ်များ
mittens	mittens
scarf	ပဝါ
glasses	မျက်မှန်
frame	ဘောင်
umbrella	ထီး
walking stick	လမ်းလျှောက်တုတ်
hairbrush	ဆံပင်
fan	ပန်ကာ
tie	လည်ချောင်း

bow tie	ဖဲပြားပုံလည်စည်း
braces	သတ္တုတွင်း
handkerchief	လက်ကိုင်ပဝါ
comb	ဘီး
hair slide	ဆံပင်လျှော
hairpin	ဆံပင်
buckle	နားမလည်
belt	ခါးပတ်
shoulder strap	ပခုံးကြိုး
bag	အိတ်
handbag	လက်ကိုင်အိတ်
rucksack	ကျောပိုးအိတ်

အဝတ်အထည်များ

fashion	ဖက်ရှင်
in vogue	Vogue ၌တည်၏
fashion designer	ဖက်ရှင်ဒီဇိုင်နာ
collar	ကော်လာ
pocket	အိတ်ဆောင်
pocket	အိတ်ဆောင်

sleeve	လက်
hanging loop	ချိတ်ဆွဲကွင်းဆက်
flies	ယင်ကောင်
zip	zip
fastener	စွဲစေ
button	ခလုတ်
buttonhole	အချစ်
to come off	ချွတ်ရန်
to sew	ချုပ်ရန်
to embroider	ပန်းထိုးရန်
embroidery	ပန်း
sewing needle	အပ်အပ်
thread	ချည်
seam	ချုပ်
to get dirty	ညစ်ပတ်ဖို့
stain	အစက်
to crease, crumple	တွန့်ရန်, crumple
to tear	မျက်ရည်ယိုဖို့
clothes moth	ပိုးဖလံ

 တစ်ကိုယ်ရေသန့်ရှင်းမှုနှင့်အလှကုန်

toothpaste	သွားတိုက်ဆေး
toothbrush	သွားတိုက်
to clean one's teeth	တ ဦး တည်းအံသွားသန့်ရှင်းစေရန်
razor	သင်တုန်း
shaving cream	shaving cream
to shave	ရိတ်ရန်
soap	ဆပ်ပြာ
shampoo	ခေါင်းလျှော်ရည်
scissors	ကတ်ကြေး
nail file	လက်သည်းခွံဖိုင်
nail clippers	လက်သည်းညှပ်
tweezers	ဇီးဖြူ
cosmetics	အလှကုန်
face mask	မျက်နှာဖုံး
manicure	လက်သည်း
to have a manicure	လက်သည်းကိုရန်
pedicure	ခြေသည်း

make-up bag	မိတ်ကပ်အိတ်
face powder	မျက်နှာအမှုန့်
powder compact	အမှုန့်ကျစ်လစ်သိပ်သည်း
blusher	အနီရောင်
perfume	ရေမွှေး
toilet water	အိမ်သာရေ
lotion	ရက်
cologne	မြဝတီ
eyeshadow	မျက်ဝန်း
eyeliner	မျက်လုံး
mascara	ပုဂံ
lipstick	နှုတ်ခမ်းဆိုးဆေးတောင့်
nail polish	လက်သည်းဆိုးဆေး
hair spray	ဆံပင်ဖြန်းဆေး
deodorant	ကွမ်းခြံကုန်း
cream	မုန့်
face cream	မျက်နှာလိမ်းခရင်မ်
hand cream	လက်မုန့်
anti-wrinkle cream	အရေးအကြောင်းမရှိခြင်း

day cream	တစ်နေ့တာမှုန့်
night cream	ညခရင်မ်
tampon	သပိတ်မှောက်
toilet paper	အိမ်သာသုံးစက္ကူ
hair dryer	ဆံပင်အခြောက်ခံစက်

Jewelry လက်ဝတ်ရတနာ

jewellery	ရတနာ
precious	အဖိုးတန်
hallmark	အမာရွတ်
ring	လက်စွပ်
wedding ring	လက်ထပ်လက်စွပ်
bracelet	လက်ကောက်
earrings	နားကပ်
necklace	လည်ပင်း
crown	ပန်း ဦး ရစ်သရဖူကို
bead necklace	ပုတီးလည်ဆွဲ
diamond	စိန်
emerald	မြ
ruby	ပတ္တမြား

sapphire	နီလာ
pearl	ပုလဲ
amber	ပယင်း

Watch စောင့်ကြည့်

watch	စောင့်နေ
dial	ဖုန်းခေါ်ဆိုပါ
hand	လက်
bracelet	လက်ကောက်
watch strap	နာရီနာရီ
battery	ဘက်ထရီ
to be flat	ပြားချပ်ချပ်ဖြစ်ရန်
to change a battery	ဘက်ထရီကိုပြောင်းလဲပစ်ရန်
to run fast	အစာရှောင်ခြင်း run ဖို့
to run slow	နေးကွေးစွာ run ရန်
wall clock	တိုင်ကပ်နာရီ
hourglass	နာရီ
sundial	နေရောင်ခြည်
alarm clock	နှိုးစက်နာရီ

Food   အစားအစာ

Food အစားအစာ

meat	အသား
chicken	ကြက်သား
young chicken	ကြက်ကလေးငယ်
duck	ဘဲ
goose	ဘဲငန်း
game	ဂိမ်း
turkey	ကြက်ဆင်
pork	ဝက်
veal	နွားငယ်သား
lamb	သိုး
beef	အမဲသား
rabbit	ယုန်
sausage	ဝက်အူချောင်း

Vienna sausage	ဗီယင်နာဝက်အူချောင်း
bacon	ဘေကွန်
ham	ဝက်ပေါင်ခြောက်
gammon	gammon
pate	pate
liver	အသည်း
lard	ဝက်
mince	mince
tongue	လျှာ
egg	ဥ
eggs	ဥ
egg white	ကြက်ဥအဖြူ
egg yolk	ကြက်ဥအနှစ်
fish	ငါး
seafood	ပင်လယ်စာ
crustaceans	ခရီဝင်
caviar	caviar
crab	ဂဏန်း
prawn	ပုစွန်
oyster	ကမာ

spiny lobster	spiny ကျောက်ပုစွန်
octopus	ရေဘဝဲ
squid	ရေဘဝဲ
sturgeon	အဂ်လန်
salmon	ဆယ်လ်မွန်
halibut	အစိမ်း
cod	ကော့ဒ်
mackerel	မြောက်အတ္တလန္တိတ်ငါးသလောက်တစ်မျိုး
tuna	တူနာ
eel	ငါးရှဉ့်
trout	ထရောက်ရေချိုငါး
sardine	ငါးသေတ္တာ
pike	ပိုက်
herring	မြောက်အတ္တလန္တိတ်ငါးသလောက်တစ်မျိုး
bread	ပေါင်မုန့်
cheese	ဒိန်ခဲ
sugar	သကြား
salt	ဆားငန်

rice	ဆန်
pasta	ခေါက်ဆွဲ
noodles	ခေါက်ဆွဲ
butter	ထောပတ်
vegetable oil	ဟင်းရွက်ဆီ
sunflower oil	နေကြာဆီ
margarine	မာဂျင်း
olives	သံလွင်သီး
olive oil	သံလွင်ဆီ
milk	နို့
condensed milk	နို့ဆီ
yogurt	ဒိန်ချဉ်
sour cream	ဒိန်ချဉ်
cream	မုန့်
mayonnaise	မဲonnaise
buttercream	အချစ်
groats	သစ်တောများ
flour	ဂျုံမုန့်
tinned food	စည်သွတ်ဘူးအစားအစာ

cornflakes	ပြောင်းဖူး
honey	ပျားရည်
jam	ယို
chewing gum	ပီကေ

Drinks အချိုရည်

water	ရေ
drinking water	သောက်ရေ
mineral water	တွင်းထွက်ရေ
still	နေတုန်းပဲ
carbonated	ကျောက်မီးသွေး
sparkling	တောက်ပ
ice	ရေခဲ
with ice	ရေခဲနှင့်အတူ
non-alcoholic	အရက်မပါသော
soft drink	အချိုရည်
cool soft drink	အေးအချိုရည်
lemonade	သံပုရာရည်
spirits	နတ်သမီး

wine	ဝိုင်
white wine	ဝိုင်ဖြူ
red wine	ဝိုင်နီ
liqueur	အရက်
champagne	ရှန်ပိန်
vermouth	စိုင်းထီးဆိုင်
whisky	ဝီစကီ
vodka	ဗော့ဒ်ကာအရက်
gin	ဂျင်
cognac	ကော့ညက်
rum	ရမ်အရက်
coffee	ကော်ဖီ
black coffee	ကော်ဖီအနက်ရောင်
white coffee	ကော်ဖီဖြူ
cappuccino	ကပ္ပိုစီနို
instant coffee	ချက်ချင်းကော်ဖီ
milk	နို့
cocktail	ကော့တေး
milk shake	မစ်ရှိတ်

juice	ဖျော်ရည်
tomato juice	ခရမ်းချဉ်သီးဖျော်ရည်
orange juice	လိမ္မော်ဖျော်ရည်
freshly squeezed juice	လောလောလတ်လတ်ညှစ်ဖျော်ရည်
beer	ဘီယာ
lager	က
Dark Beer	Dark Beer
tea	လက်ဖက်ရည်
black tea	လက်ဖက်ရည်အနက်ရောင်
green tea	လက်ဖက်စိမ်း

Vegetables ဟင်းသီးဟင်းရွက်များ

vegetables	ဟင်းသီးဟင်းရွက်များ
greens	အစိမ်းရောင်
tomato	ခရမ်းချဉ်သီး
cucumber	သခွားသီး
carrot	မုန်လာဥနီ
potato	အာလူး
onion	ကြက်သွန်နီ
garlic	ကြက်သွန်ဖြူ

cabbage	ဂေါ်ဖီထုပ်
cauliflower	ပန်းဂေါ်ဖီ
Brussels sprouts	ဘရပ်ဆဲလ်ပင်ပေါက်
broccoli	ဘရိုကိုလီ
beetroot	ပိုးသတ်ဆေး
aubergine	ခရမ်းသီး
Zucchini	သခွားဖရုံသီး
pumpkin	ရွှေဖရုံသီး
turnip	မုန်လာဥ
parsley	parsley
dill	ဇီယာစေ့
lettuce	ဆလတ်ရွက်
celery	တရုတ်နံနံ
asparagus	ကညွတ်
spinach	ဟင်းနုနွယ်ရွက်
pea	ပဲစေ့
beans	ပဲ
maize	ပြောင်း
kidney bean	ကျောက်ကပ်

bell pepper	ငရုတ်ပွ
radish	မုန်လာဥ
artichoke	အာတီးချုပ်

Fruits and Nuts သစ်သီးများနှင့်အခွံမာသီး

fruit	သစ်သီး
apple	ပန်းသီး
pear	သစ်တော်သီး
lemon	သံပယိုသီး
orange	လိမ္မော်သီး
strawberry	စတော်ဘယ်ရီ
tangerine	အခွံပွလိမ္မော်သီး
plum	ဇီးသီး
peach	မက်မွန်သီး
apricot	တရုတ်ဇီးသီး
raspberry	ရက်စ်ဘယ်ရီ
pineapple	နာနတ်သီး
banana	ငှက်ပျောသီး
watermelon	ဖရဲသီး

grape	စပျစ်သီး
sour cherry	ချယ်ရီချဉ်
sweet cherry	ချယ်ရီသီး
melon	သခွားမသီး
grapefruit	ဂရိတ်ဖရု
avocado	ထောပတ်သီး
papaya	သင်္ဘောသီး
mango	သရက်သီး
pomegranate	သလဲသီး
redcurrant	redcurrant
blackcurrant	အနက်ရောင်
gooseberry	ဂူးစ်ဘယ်ရီ
bilberry	ဘီဘယ်ရီ
blackberry	ဘလက်ဗယ်ရီသီး
raisin	စပျစ်သီးပျဉ်
fig	သဖန်းသီး
date	ရက်စွဲ
peanut	မြေပဲ
almond	ဗာဒံသီး

walnut	walnut
hazelnut	မြေပဲ
coconut	အုန်းသီး
pistachios	pistachios

Bread and Sweets ပေါင်မုန့်နှင့်သကြားလုံးများ

confectionery	သကြားလုံး
bread	ပေါင်မုန့်
biscuits	ဘီစကွတ်
chocolate	ချောကလက်
chocolate	ချောကလက်
sweet	ချိုမြိန်
cake	ကိတ်မုန့်
cake	ကိတ်မုန့်
pie	ပိုင်
filling	ဖြည့်စွက်
jam	ယို
marmalade	သရေ
waffle	လွမ်းတယ်
ice-cream	ရေခဲမုန့်

| pudding | နေအိမ် |

Courses သင်တန်းများ

course, dish	သင်တန်း, ပန်းကန်
cuisine	အစားအစာ
recipe	စာရွက်
portion	အပိုင်း
salad	အသုပ်
soup	ဟင်းချို
clear soup	ရှင်းရှင်းလင်းလင်းဟင်းချို
sandwich	အသားညှပ်ပေါင်မု
fried eggs	ကြက်ဥကြော်
cutlet	ကွမ်းခြိကုန်း
hamburger	ဟမ်ဘာဂါ
steak	ကင်
roast meat	အသားကင်
garnish	အပါအ
spaghetti	spaghetti
mash	ပါးစပ်
pizza	ပီဇာ

porridge	ဂျုံ
omelette	omelette
boiled	ပြုတ်
smoked	ဆေးလိပ်
fried	ကြက်ကြော်
dried	ခြောက်သွေ့
frozen	အေးခဲသည်
pickled	ချဉ်
sweet	ချိုမြိန်
salty	ငန်
cold	အအေး
hot	ပူ
bitter	ခါးသီး
tasty	အရသာရှိတဲ့
to cook	ချက်ပြုတ်ရန်
to cook	ချက်ပြုတ်ရန်
to fry	ကြော်ရန်
to heat up	အပူပေးရန်
to salt	ဆားရန်

to pepper	ငရုတ်ကောင်းရန်
to grate	ကျေးဇူးတင်ပါတယ်
peel	အခွံ
to peel	အခွံနွှာ

| Spices and seasonings | နံ့သာမျိုးနှင့်ရာသီ |

salt	ဆားငန်
salty	ငန်
to salt	ဆားရန်
black pepper	ငရုတ်ကောင်း
red pepper	ငရုတ်ပွအနီ
mustard	မုန်ညင်း
horseradish	မဂ်လာပါ
condiment	ဝမ်းဖိုက်
spice	နံ့သာမျိုး
sauce	ငံပြာရည်
vinegar	ရှလကာရည်
anise	anise
basil	စည်

cloves	လေးညှင်းပွင့်
ginger	ဂျင်း
coriander	နံနံပင်
cinnamon	သစ်ကြံပိုးခေါက်
sesame	နှမ်း
bay leaf	ပင်လယ်အော်အရွက်
paprika	ပုဇွန်
caraway	ကွမ်းခြံကုန်း
saffron	ရွှေဝါရောင်

Words for eating အစားစားခြင်းအတွက်စကားလုံးများ

food	အစားအစာ
to eat	စားရန်
breakfast	မနက်စာ
to have breakfast	နံနက်စာစားရန်
lunch	နေ့လည်စာ
to have lunch	နေ့လည်စာစားရန်
dinner	ညစာ
to have dinner	ညစာစားဖို့
appetite	အစာစားချင်စိတ်

Enjoy your meal!	စားကောင်းပါစေ!
to open	ဖွင့်လှစ်ရန်
to spill	ဖိတ်ရန်
to spill out	ထွက်ဖိတ်ရန်
to boil	ပြုတ်ရန်
to boil	ပြုတ်ရန်
boiled	ပြုတ်
to cool	အအေးရန်
to cool down	အအေးရန်
taste, flavour	အရသာ, အရသာ
aftertaste	အရသာ
to be on a diet	အစားအသောက်ပေါ်မှာ
diet	အစားအစာ
vitamin	ဗီတာမင်
calorie	ကယ်လိုရီ
vegetarian	သက်သတ်လွတ်
vegetarian	သက်သတ်လွတ်
fats	အဆီ
proteins	ပရိုတိန်း

carbohydrates	ဘိုဟိုက်ဒရိတ်
slice	အချပ်
piece	အပိုင်းအစ
crumb	ကြက်သွန်ဖြူ

မီးဖိုချောင်သုံး

spoon	ဇွန်း
knife	ဓား
fork	အမဲချိတ်
cup	ခွက်
plate	ပန်းကန်
saucer	ပန်းကန်ပြားပုံ
serviette	ဝန်ဆောင်မှု
toothpick	သွားလမ်း

Restaurant စားသောက်ဆိုင်

restaurant	စားသောက်ဆိုင်
coffee bar	ကော်ဖီဘား
pub	အရက်ဆိုင်
tearoom	လက်ဖက်ရည်ဆိုင်

waiter	စားပွဲထိုး
waitress	စာပွဲထိုး
barman	barman
menu	မီနူး
wine list	ဝိုင်စာရင်း
to book a table	စားပွဲတစ်ဆိုင်စာအုပ်ဆိုင်
course, dish	သင်တန်း, ပန်းကန်
to order	မှာယူရန်
to make an order	မှာယူရန်
aperitif	နှုတ်မြိန်ဆေး
starter	အစ
dessert	အချိုပွဲ
bill	ဥပဒေကြမ်း
to pay the bill	ငွေတောင်းခံရန်
to give change	ပြောင်းလဲမှုပေးရန်
tip	သိကောင်းစရာ

ပတ်ဝန်းကျင်

Questionnaire   မေးခွန်းလွှာ

name, first name	အမည်, ပထမအမည်
family name	မိသားစုနာမည်
date of birth	မွေးရက်
place of birth	မွေးရပ်ဒေသ
nationality	နိုင်ငံသား
place of residence	နေထိုင်ရာအရပ်သို့
country	တိုင်းပြည်
profession	အလုပ်အကိုင်
gender, sex	ကျားမမ၊
height	အမြင့်
weight	အလေးချိန်

Relatives   ဆွေမျိုးများ

mother	အမေ
father	ဖခင်
son	သား

daughter	သမီး
younger daughter	သမီးငယ်
younger son	သားငယ်
eldest daughter	အကြီးဆုံးသမီး
eldest son	သားကြီး
brother	အစ်ကို
sister	နှမ
cousin	ဝမ်းကွဲ
cousin	ဝမ်းကွဲ
mummy	မိခင်
dad, daddy	ဖေဖေ၊ ဖေဖေ
parents	မိဘများ
child	ကလေး
children	ကလေးများ
grandmother	အဖွား
grandfather	အဖိုး
grandson	မြေး
granddaughter	မြေး
grandchildren	မြေး

uncle	ဦးလေး
aunt	အဒေါ်
nephew	တူ
niece	တူမ
mother-in-law	ယောက္ခမ
father-in-law	ယောက္ခထီး
son-in-law	သားမက်
stepmother	မိထွေး
stepfather	ပထွေး
infant	မွေးကင်းစ
baby	ကလေး
little boy	ကောင်လေး
wife	ဇနီး
husband	ခင်ပွန်း
married	လက်ထပ်ခဲ့သည်
married	လက်ထပ်ခဲ့သည်
single	တစ်ယောက်တည်း
bachelor	လူပျို
divorced	ကွာရှင်း

widow	မုဆိုးမ
widower	မုဆိုးဖို
relative	ဆွေမျိုး
close relative	ဆွေမျိုးနီးစပ်
distant relative	ဝေးလံသောဆွေမျိုး
relatives	ဆွေမျိုးများ
orphan	မိဘမဲ့
guardian	အုပ်ထိန်းသူ
to adopt	မွေးစားရန်
to adopt	မွေးစားရန်

Friends and Collegues သူငယ်ချင်းများနှင့်ကောလိပ်များ

friend	သူငယ်ချင်း
friend, girlfriend	ချစ်သူ
friendship	ချစ်သူ
to be friends	သူငယ်ချင်းဖြစ်ရန်
pal	ချစ်သူ
pal	ချစ်သူ
partner	လုပ်ဖော်ကိုင်ဖက်
chief	အကြီးအကဲ

boss, superior	သူဌေး, သာလွန်
subordinate	လက်အောက်ငယ်သား
colleague	လုပ်ဖော်ကိုင်ဖက်
acquaintance	အသိအကျွမ်း
fellow traveller	ခရီးသွားချင်း
classmate	အတန်းဖော်
neighbour	အိမ်နီးချင်း
neighbour	အိမ်နီးချင်း
neighbours	အိမ်နီးချင်းများ

Words about people လူတိုနှင့်ပတ်သက်သောစကား

woman	မိန်းမ
girl, young woman	မိန်းကလေး၊
bride, fiancee	မင်္ဂလာဆောင်သတို့သား၊
beautiful	လှသောအဆင်း
tall	အရပ်ရှည်ရှည်
slender	သွယ်လျ
short	တိုသည်
blonde	ဆံပင်ရွှေရောင်

brunette	ဆံပင်
ladies'	အမျိုးသမီးများ'
virgin	အပျိုစင်
pregnant	ကိုယ်ဝန်
man	လူ
blond haired man	ဆံပင်ရွှေရောင်ဆံပင်လူ့ကို
dark haired man	မှောင်မိုက်သောအမျိုးသား
tall	အရပ်ရှည်ရှည်
short	တိုသည်
rude	ရိုင်းစိုင်းတဲ့
stocky	မင်္ဂလာပါ
robust	အားကောင်းတဲ့
strong	အားကြီး
strength	ခွန်အား
stout, fat	ရဲရပ္ပ့စာပွေၢ
swarthy	မင်္ဂလာပါ
well-built	ကောင်းစွာတည်ဆောက်ခဲ့သည်
elegant	ကြော့
Age	အသက်

age	အသက်
youth	လူငယ်
young	ငယ်ရွယ်
younger	အငယ်
older	အဟောင်းတွေ
young man	လူပျို
guy, fellow	ကောင်လေး
old man	လူအို
old woman	မိန်းမကြီး
adult	အရွယ်ရောက်သူ
middle-aged	လူလတ်ပိုင်းအရွယ်
elderly	သက်ကြီးရွယ်အိုများ
old	အဟောင်း
to retire	အနားယူရန်
pensioner	ပင်စင်စား
Children	ကလေးများ
child	ကလေး
children	ကလေးများ
twins	အမွှာ

cradle	ပုခက်
rattle	ခွဲး
nappy	နေ
dummy, comforter	Dummy, နှစ်သိမ့်
pram	pram
nursery	ပျိုးခင်း
babysitter	ကလေးထိန်း
childhood	ကလေးဘဝ
doll	အရုပ်
toy	ကစားစရာ
construction set	ဆောက်လုပ်ရေးလုပ်ငန်း
well-bred	ကောင်းစွာ - ရပ်ကြီး
ill-bred	မတရားသော
spoilt	ကိုကို
to be naughty	ဆိုးဖြစ်ဖို့
mischievous	မကောင်းဘူး
mischievousness	မကောင်းဘူး
mischievous child	အပြစ်ပြုတတ်သောကလေး
obedient	နာခံ

disobedient	မနာခံ
docile	မြဝတီ
clever	လိမ္မာပါးနပ်
child prodigy	ကလေးကဗျာ

လက်ထပ်ပြီးဘဝ

လက်ထပ်ပြီးဘဝ

to kiss	နမ်းဖို့
to kiss	နမ်းဖို့
family	မိသားစု
family	မိသားစု
couple	စုံတွဲ
marriage	လက်ထပ်ထိမ်းမြား
hearth	ထန်းတပင်
dynasty	မင်းဆက်
date	ရက်စွဲ
kiss	နမ်း
love	အချစ်

to love	ချစ်ဖို့
beloved	ချစ်သူ
tenderness	နူးညံ့သိမ်မွေ့
tender	နူးညံ့သိမ်မွေ့
faithfulness	သစ္စာရှိခြင်း
faithful	သစ္စာရှိ
	ထိုလူကိုဂရုစိုက်
	ဂရုစိုက်
newlyweds	ဇနီးမောင်နှံ
honeymoon	ချစ်သူ
to get married	လက်ထပ်ရန်
to get married	လက်ထပ်ရန်
wedding	မင်္ဂလာဆောင်
golden wedding	ရွှေမင်္ဂလာဆောင်
anniversary	နှစ်ပတ်လည်နေ့
lover	ချစ်သူ
mistress	မင်းသမီး
adultery	သူ့မယားကိုပြစ်မှားခြင်း
to commit adultery	အိမ်ထောင်ရေးဖောက်ပြန်ရန်

jealous	မနာလို
to be jealous	မနာလိုဖြစ်ဖို့
divorce	ကွာရှင်းခြင်း
to divorce	ကွာရှင်းရန်
to quarrel	ရန်ဖြစ်ရန်
to be reconciled	ပြန်လည်သင့်မြတ်ရေး
together	အတူတူ
sex	လိင်
happiness	ပျော်ရွှင်မှု
happy	ပျော်တယ်
misfortune	ကံမကောင်း
unhappy	မပျော်

Feelings ခံစားချက်

feeling	ခံစားချက်
feelings	ခံစားချက်
to feel	ခံစားဖို့
hunger	ငတ်မွတ်
to be hungry	ဆာလောင်မွတ်သိပ်ရန်
thirst	ရေငတ်သည်

to be thirsty	ရေငတ်ရန်
sleepiness	အိပ်ငိုက်
to feel sleepy	အိပ်ချင်ခံစားရရန်
tiredness	မောပန်းခြင်း
tired	ငြီးငွေ့
to get tired	ပင်ပန်းဖို့
mood	ခံစားချက်
boredom	ပျင်းတယ်
to be bored	ပျင်းလာတယ်
seclusion	သီးခြား
to seclude oneself	မိမိကိုယ်ကိုသီးခြားခွဲထုတ်ရန်
to worry	စိုးရိမ်ရန်
to be worried	စိုးရိမ်ရန်
anxiety	စိုးရိမ်ခြင်း
preoccupied	အလုပ်များ
to be nervous	အာရုံကြောဖြစ်ဖို့
to panic	ထိတ်လန့်ရန်
hope	မျှော်လင့်ပါတယ်
to hope	မျှော်လင့်ဖို့

certainty	သေချာပါတယ်
certain, sure	သေချာတယ်သေချာတယ်
uncertainty	မသေချာမရေရာ
uncertain	မသေချာမရေရာ
drunk	အရက်မူး
sober	ဟုတ်တယ်
weak	အားနည်းနေ
happy	ပျော်တယ်
to scare	ကြောက်စရာ
rage	ဒေါသ
depression	စိတ်ကျရောဂါ
discomfort	အဆင်မပြေ
comfort	နှစ်သိမ့်မှု
to regret	နောင်တရရန်
regret	နောင်တ
bad luck	ကံဆိုး
sadness	ဝမ်းနည်းခြင်း
shame	အရှက်ကွဲခြင်း
merriment	မင်္ဂလာပါ

enthusiasm	စိတ်အားထက်သန်မှု
enthusiast	.ရာဝတီ
to show enthusiasm	စိတ်အားထက်သန်မှုကိုပြသရန်

Personal Traits   ကိုယ်ပိုင်စရိုက်များ

character	ဇာတ်ကောင်
character flaw	ဇာတ်ကောင်အားနည်းချက်
mind	စိတ်
reason	အကြောင်းပြချက်
conscience	သြတ္တပ္ပစိတ်
habit	အလေ့အထ
ability	စွမ်းရည်
can	လုပ်နိုင်
patient	လူနာ
impatient	စိတ်မရှည်
curious	စပ်စု
curiosity	သိချင်စိတ်
modesty	ကျိုးနွံခြင်း
modest	ကျိုးနွံ

immodest	အချိုးအစားဆုံး
lazy	ပျင်းရိသည်
lazy person	ပျင်းရိသောသူ
cunning	ပရိယာယ်
cunning	ပရိယာယ်
distrust	မယုံ
distrustful	မယုံ
generosity	ရက်ရော
generous	ရက်ရက်ရောရော
talented	ထူးချွန်
talent	အခွက်တဆယ်
courageous	သတ္တိ
courage	သတ္တိ
honest	ရိုးသားတယ်
honesty	ရိုးသားမှု
careful	ဂရုစိုက်
courageous	သတ္တိ
serious	အလေးအနက်ထား
strict	တင်းကြပ်စွာ

decisive	အဆုံးအဖြတ်ပေးသည်
indecisive	အဆုံးအဖြတ်
shy, timid	ရှက်, ရှက်
shyness, timidity	ရှက်ကြောက်ခြင်း၊
confidence	ယုံကြည်မှု
to believe	ယုံကြည်ဖို့
trusting, naive	ယုံကြည်ပြီး, နဲ့
sincerely	ရိုးသားစွာ
sincere	စိတ်ရင်းမှန်
sincerity	ရိုးသားမှု
calm	အေးအေးဆေးဆေး
frank	ပွင့်လင်း
naive, naive	နဲ့
absent-minded	ပျက်ကွက်စိတ်
funny	ရယ်စရာ
greed	လောဘကြီးခြင်း
greedy	လွမ်းတယ်
evil	မကောင်းသော
stubborn	ခေါင်းမာသည်

unpleasant	မနှစ်မြို့
selfish person	တစ်ကိုယ်ကောင်းဆန်သူ
selfish	တစ်ကိုယ်ကောင်းဆန်
coward	သူရဲဘောကြောင်
cowardly	သူရဲဘောကြောင်

Sleep အိပ်ပါ

to sleep	အိပ်ရန်
sleep, sleeping	အိပ်ပျော်
dream	အိမ်မက်
to dream	အိပ်မက်
sleepy	အိပ်ချင်တယ်
bed	အိပ်ရာ
mattress	မွေ့ရာ
blanket	စောင်
pillow	ခေါင်းအုံး
sheet	စာရွက်
insomnia	အိပ်မပျော်
sleepless	အိပ်ပျော်နေသော
sleeping pill	အိပ်ဆေး

to take a sleeping pill	အိပ်ပျော်နေတဲ့ဆေးလုံးကိုသောက်ရန်
to feel sleepy	အိပ်ချင်ခံစားရရန်
to yawn	ရန်
to go to bed	အိပ်ရာဝင်ဖို့
to make up the bed	အိပ်ရာတက်စေရန်
to fall asleep	အိပ်ပျော်ရန်
nightmare	အိပ်မက်ဆိုး
snoring	ဟောက်တယ်
to snore	ရန်အောင်
alarm clock	နှိုးစက်နာရီ
to wake	နှိုးဖို့
to wake up	နှိုးထဖို့
to get up	ထဖို့
to wash oneself	မိမိကိုယ်ကိုဆေးကြောရန်
Laugh	ရယ်တယ်
humour	ဟာသ
sense of humour	ဟာသဉာဏ်
to have fun	ပျော်ရွှင်ဖို့
cheerful	မင်္ဂလာပါ

merriment, fun	ပျော်ရွှင်စရာ၊
smile	အပြုံး
to smile	ပြုံးဖို့
to start laughing	ရယ်မောရန်
to laugh	ရယ်မောရန်
laugh, laughter	ရယ်မောပါ
anecdote	အချစ်
funny	ရယ်စရာ
funny	ရယ်စရာ
to joke, to be kidding	နောက်နေတာ၊
joke	ဟာသ
joy	မင်္ဂလာပါ
to rejoice	ဝမ်းမြောက်ရန်
glad	ဝမ်းသာပါတယ်
Communication	ဆက်သွယ်ရေး
communication	ဆက်သွယ်ရေး
to communicate	ဆက်သွယ်ပြောဆိုရန်
conversation	စကားပြောဆိုမှု
dialogue	တွေ့ဆုံဆွေးနွေးရေး

discussion	ဆွေးနွေးမှု
debate	အငြင်းအခုန်
to debate	ငြင်းခုန်ရန်
interlocutor	တွေ့ဆုံဆွေးနွေးရေး
topic	ခေါင်းစဉ်
point of view	အမြင်
opinion	ထင်မြင်ချက်
speech	မိန့်ခွန်း
discussion	ဆွေးနွေးမှု
to discuss	ဆွေးနွေးရန်
talk	စကားပြော
to talk	စကားပြောရန်
meeting	အစည်းအဝေး
to meet	တွေ့ဖို့
proverb	သုတ္တံ
saying	ပြောနေ
riddle	ဝိုင်း
to ask a riddle	စကားဝှက်တစ်ခုမေးရန်
password	စကားဝှက်

secret	လျှို့ဝှက်ချက်
oath	ကျိန်ဆိုခြင်းကိုပြု၏
to swear	ကျိန်ဆိုရန်
promise	ကတိ
to promise	ကတိပေးရန်
advice	အကြံဉဏ်
to advise	အကြံပေးဖို့
to follow one's advice	တ ဦး တည်းရဲ့အကြံပေးချက်ကိုလိုက်နာရန်
news	သတင်း
sensation	အာရုံခံစားမှု
information	သတင်းအချက်အလက်
conclusion	နိဂုံးချုပ်
voice	အသံ
compliment	ချီးမွမ်း
kind	ကြင်နာ
word	စကားလုံး
phrase	စာပိုဒ်တိုများ
answer	အဖြေ
truth	အမှန်တရား

lie	လိမ်တယ်
thought	အတွေး
idea	စိတ်ကူး
fantasy	စိတ်ကူး

Talk စကားပြော

respected	လေးစားတယ်
to respect	အရိုအသေပြုရန်
respect	လေးစားမှု
Dear...	ချစ်ခင်ရပါသော
to introduce	မိတ်ဆက်ပေးရန်
to make acquaintance	အသိအကျွမ်းစေရန်
intention	ရည်ရွယ်ချက်
to intend	ရည်ရွယ်သည်
wish	စေတနာ
to wish	ဆန္ဒရှိရန်
surprise	အံ့သြစရာ
to surprise	အံ့သြဖို့ကောင်းတယ်
to be surprised	အံ့အားသင့်ဖို့

to give	ပေးရန်
to take	ယူရန်
to give back	ပြန်ပေးရန်
to return	ပြန်သွားရန်
to apologize	တောင်းပန်ရန်
apology	တောင်းပန်ပါတယ်
to forgive	ခွင့်လွှတ်ဖို့
to talk	စကားပြောရန်
to listen	နားထောင်ဖို့
to hear... out	ကြားရန် ... ထွက်
to understand	နားလည်ရန်
to show	ပြသရန်
to look at ...	ကြည့်ရှုရန် ...
to call	ခေါ်ရန်
to distract	အာရုံပြိုလှုပ်ရှုရန်
to disturb	နှောင့်ယှက်ရန်
to pass	သွားရန်
demand	ဝယ်လိုအား
to request	တောင်းဆိုရန်

demand	ဝယ်လိုအား
to demand	ဝယ်လိုအားရန်
to tease	လှောင်ပြောင်ရန်
to mock	လှောင်ပြောင်ရန်
mockery, derision	ကဲ့ရဲ့လှောင်ပြောင်ခြင်း၊
nickname	အမည်ပြောင်
allusion	ပန်းချီဆရာ
to allude	ရည်ညွှန်းရန်
to imply	ဆိုလိုသည်
description	ဖော်ပြချက်
to describe	ဖော်ပြရန်
praise	ချီးမွမ်းကြလော့
to praise	ချီးမွမ်းရန်
disappointment	စိတ်ပျက်စရာ
to disappoint	စိတ်ပျက်ဖို့
to be disappointed	စိတ်ပျက်ဖို့
supposition	ထင်မြင်ချက်
to suppose	ဆိုပါစို့
warning, caution	သတိ, သတိ

to warn	သတိပေးရန်
to talk into	သို့စကားပြောရန်
to calm down	အေးဆေးတည်ငြိမ်ရန်
silence	တိတ်ဆိတ်
to keep silent	တိတ်ဆိတ်စွာနေရန်
to whisper	တိုးတိုးလေး
whisper	တိုးတိုးလေး
frankly	ပွင့်ပွင့်လင်းလင်း
in my opinion ...	ကျွန်တော့်ထင်မြင်ချက်အရ ...
detail	အသေးစိတ်
detailed	အသေးစိတ်
in detail	အသေးစိတ်
hint, clue	သဲလွန်စ
to give a hint	သဲလွန်စပေးရန်
look	ကြည့်ပါ
to have a look	ကြည့်ရှုရန်
fixed	သတ်မှတ်ထားတဲ့
to blink	မှိတ်တုတ်မှိတ်တုတ်
to wink	မျက်လုံးပြူး

to nod	ညိတ်ဖို့
sigh	သက်ပြင်း
to sigh	ညည်းဖို့
to shudder	တုန်ခါရန်
gesture	အမူအရာ
to touch	ထိရန်
to seize	သိမ်းယူရန်
to tap	တို့ထိရန်
Look out!	သတိထားပါ!
Really?	တကယ်လား
Good luck!	ကံကောင်းပါစေ!
I see!	ဟုတ်လား!
It's a pity!	သနားစရာပဲ!

Agreement and Disagreement — သဘောတူညီချက်နှင့်သဘောမတူညီ

consent	ခွင့်ပြုချက်
to agree	သဘောတူရန်
approval	ခွင့်ပြုချက်
to approve	အတည်ပြုဖို့
refusal	ငြင်းဆန်

to refuse	ငြင်းဆန်ရန်
Great!	ကောင်းတယ်
All right!	ကောင်းပါပြီ!
Okay!	အိုကေ!
forbidden	တားမြစ်သည်
it's forbidden	တားမြစ်ထားတယ်
incorrect	မှားတယ်
to reject	ငြင်းပယ်ရန်
to support	ထောက်ပံ့ရန်
to accept	လက်ခံရန်
to confirm	အတည်ပြုရန်
confirmation	အတည်ပြုချက်
permission	ခွင့်ပြုချက်
to permit	ခွင့်ပြုရန်
decision	ဆုံးဖြတ်ချက်
to say nothing	ဘာမှမပြော
condition	အခွေအေနေ
excuse	ဆင်ခြေ
praise	ချီးမွမ်းကြလော့

| to praise | ချီးမွမ်းရန် |

Success and defeat အောင်မြင်မှုနှင့်ရှုံးနိမ့်မှု

success	အောင်မြင်မှု
successfully	အောင်မြင်စွာ
successful	အောင်မြင်တယ်
good luck	ကံကောင်းပါစေ
Good luck!	ကံကောင်းပါစေ!
lucky	ကံကောင်းတယ်
lucky	ကံကောင်းတယ်
failure	ပျက်ကွက်
misfortune	ကံမကောင်း
bad luck	ကံဆိုး
unsuccessful	မအောင်မြင်
catastrophe	ကပ်ဘေး
pride	မာန်မာန
proud	ဂုဏ်ယူပါတယ်
to be proud	ဂုဏ်ယူဖို့
winner	အနိုင်ရသူ

to win	အနိုင်ရဖို့
to lose	ရှုံးဖို့
try	ကြိုးစားကြည့်ပါ
to try	ကြိုးစားရန်
chance	အခွင့်အလမ်း

အနုတ်လက္ခဏာစိတ်ခံစားမှု

shout	ကြွေးကြော်ပါ
to shout	ကြွေးကြော်သံ
to start to cry out	ငိုရန်စတင်
quarrel	စကားများ
to quarrel	ရန်ဖြစ်ရန်
fight	တိုက်
to have a fight	ရန်ပွဲရှိသည်
conflict	ပိပက္ခ
misunderstanding	နားလည်မှုလွဲခြင်း
insult	စော်ကား
to insult	စော်ကားရန်
insulted	စော်ကား
offence	ပြစ်မှု

to offend	မှားယွ်ဂျူးဖို့
to take offence	ပြစ်မှုကျူးလွန်ရန်
indignation	ဒေါသ
to be indignant	ဒေါသဖြစ်ရန်
complaint	တိုင်ကြားချက်
to complain	တိုင်ကြားရန်
apology	တောင်းပန်ပါတယ်
to apologize	တောင်းပန်ရန်
to beg pardon	လွတ်ငြိမ်းချမ်းသာခွင့်တောင်းပန်ရန်
criticism	ဝေဖန်မှု
to criticize	ဝေဖန်ရန်
accusation	စွပ်စွဲချက်
to accuse	စွပ်စွဲရန်
revenge	ကလဲ့စားချေခြင်း
to avenge	လက်စားချေရန်
to pay back	ပြန်ဆပ်ဖို့
disdain	အထင်အမြင်သေး
to despise	မထီမဲ့မြင်ပြုရန်
hatred, hate	အမုန်းမုန်း

to hate	မုန်းဖို့
nervous	အာရုံကြော
to be nervous	အာရုံကြောဖြစ်ဖို့
angry	စိတ်ဆိုးတယ်
to make angry	စိတ်ဆိုးဖို့
to scold???	ဆူပူကြိမ်းမောင်းရန် ???
humiliation	အရှက်
to humiliate	အရှက်ရန်
to humiliate oneself	မိမိကိုယ်ကိုအရှက်ခွဲရန်
shock	ထိတ်လန့်ခြင်း
to shock	အံ့သြဖို့ကောင်းတယ်
trouble	ပြ.နာ
unpleasant	မနှစ်မြို့
fear	ကြောက်တယ်
terrible	ကြောက်စရာကောင်းတဲ့
scary	ကြောက်စရာ
horror	ထိတ်လန့်ခြင်း
awful	ကြောက်တယ်
to begin to tremble	တုန်လှုပ်ဖို့စတင်

to cry	ငို့ရန်
to start crying	ငို့ဖို့
tear	မျက်ရည်
fault	အမှား
guilt	အပြစ်ရှိတယ်
dishonour	အရှက်ကွဲခြင်း
protest	ဆန္ဒပြခဲ့ကြသည်
stress	စိတ်ဖိစီးမှု
to disturb	နှောင့်ယှက်ရန်
to be furious	ဒေါသဖြစ်ဖို့
angry	စိတ်ဆိုးတယ်
to end	အဆုံးသတ်ဖို့
to be scared	ကြောက်ဖို့
to hit	ရန်
to fight	တိုက်ခိုက်ရန်
to settle	အခြေချရန်
discontented	မကျေနပ်
furious	ပြင်းထန်သော
It's not good!	မကောင်းဘူး

It's bad!   မကောင်းဘူး!

Medicine ဆေး

Illness   ဖျားနာ

illness   နာမကျန်းဖြစ်ခြင်း

to be ill   နေမကောင်းဖြစ်ဖို့

health   ကျန်းမာရေး

runny nose   နှာရည်ယိုခြင်း

tonsillitis   ကျောက်ကပ်ရောဂါ

cold   အအေး

to catch a cold   အအေးမိရန်

bronchitis   အဆုတ်ရောင်

pneumonia   အဆုတ်ရောင်

flu   တုပ်ကွေး

short-sighted   မျက်မှောက်ခေတ်

long-sighted   အမြင်အာရုံ

squint   ဝဲ

squint-eyed   squint-eyed

cataract	မျက်စိတိတ်
glaucoma	နဂါးငွေ့တန်း
stroke	လေဖြတ်
heart attack	နှလုံးရုတ်တရက်ဖောက်ပြန်မှု
myocardial infarction	myocardial infarction
paralysis	သွက်ချာပါဒ
to paralyse	လေဖြတ်ရန်
allergy	ဓာတ်မတည်
asthma	ပန်းနာရင်ကျပ်ရောဂါ
diabetes	ဆီးချိုရောဂါ
toothache	သွားကိုက်
caries	caries
diarrhoea	ဝမ်းလျှောခြင်း
constipation	ဝမ်းချုပ်ခြင်း
stomach upset	အစာအိမ်စိတ်ဆိုး
food poisoning	အစာအဆိပ်သင့်ခြင်း
to poison oneself	မိမိကိုယ်ကိုအဆိပ်သင့်ရန်
arthritis	အဆစ်
rickets	ရက်ကက်

rheumatism	ဒူလာ
atherosclerosis	သွေးကြောကျဉ်းရောဂါ
gastritis	အစာအိမ်
appendicitis	အူအတက်ရောင်ရောဂါ
cholecystitis	ဝမ်းရောဂါ
ulcer	အနာ
measles	ဝက်သက်
German measles	ဂျာမန်ဝက်သက်
jaundice	အသားဝါ
hepatitis	အသည်းရောင်ရောဂါ
schizophrenia	schizophrenia
rabies	ခွေးရူးပြန်ရောဂါ
neurosis	အာရုံကြော
concussion	ပြင်းစွာထိခိုက်လှုပ်ရှားခြင်း
cancer	ကင်ဆာ
sclerosis	နဝ်ကြော
multiple sclerosis	မျိုးစုံနဝ်ကြော
alcoholism	အရက်
alcoholic	အရက်

syphilis	ဆစ်ဖလစ်
AIDS	အေ့ဒ်စ်
tumour	အကျိတ်
fever	အဖျား
malaria	ငှက်ဖျားရောဂါ
gangrene	gangrene
seasickness	ပင်လယ်
epilepsy	ဝက်ရူးပြန်ရောဂါ
epidemic	ကပ်ရောဂါ
typhus	အူရောင်ငန်းဖျား
tuberculosis	တီဘီ
cholera	ကာလဝမ်းရောဂါ
plague	ပလိပ်

Symptoms and Treatment — ရောဂါလက္ခဏာများနှင့်ကုသမှု

symptom	လက္ခဏာ
temperature	အပူချိန်
fever	အဖျား
pulse	သွေးခုန်နှုန်း
giddiness	အိမ်

hot	ပူ
shivering	တုန်လှုပ်
pale	ဖြူရော်
cough	ချောင်းဆိုး
to cough	ချောင်းဆိုးရန်
to sneeze	နှာချေရန်
faint	မော
to faint	မောဖို့
bruise	အနာ
bump	ထု
to bruise oneself	မိမိကိုယ်ကိုကြိတ်ရန်
bruise	အနာ
to get bruised	နင်းနယ်လျက်ရှိသည်
to limp	အားလျော့ဖို့
dislocation	နေရာရွှေ့ပြောင်း
to dislocate	ရွှေ့ပြောင်းရန်
fracture	ကျိုး
to have a fracture	တစ် ဦး ကျိုးရှိသည်
cut	ဖြတ်

to cut oneself	မိမိကိုယ်ကိုဖြတ်တောက်ရန်
bleeding	သွေးထွက်
burn	မီးလောင်
to burn oneself	မိမိကိုယ်ကိုမီးရှို့ရန်
to prickle	တွန့်
to prickle oneself	မိမိကိုယ်ကိုထိုးရန်
to injure	ဒဏ်ရာရရန်
injury	ဒဏ်ရာ
wound	အနာ
trauma	စိတ်ဒဏ်ရာ
to be delirious	စိတ်မကောင်းစရာဖြစ်ဖို့
to stutter	ထိတ်လန့်ရန်
sunstroke	နေရောင်ခြည်
pain	နာကျင်မှု
splinter	ခွဲထွက်ရေး
sweat	ချွေး
to sweat	ချွေး
vomiting	အော့
convulsions	တက်ခြင်း

pregnant	ကိုယ်ဝန်
to be born	မွေးဖွားလာဖို့ရန်
delivery, labour	ဖြန့်ဝေ, အလုပ်သမား
to labour	အလုပ်သမားရန်
abortion	ကိုယ်ဝန်ဖျက်ချ
respiration	အသက်ရှူ
inhalation	ရှူရှိုက်မိပါ
exhalation	ရှူရှိုက်ခြင်း
to breathe out	ထွက်ရှူရန်
to breathe in	ရှူရှိုက်ဖို့
disabled person	မသန်စွမ်းသူ
cripple	ပုဇွန်ကိုအခွံချွာ
drug addict	မူးယစ်ဆေးစွဲ
deaf	နားပင်းသော
dumb	စကားမပြောနိုင်
deaf-and-dumb	နားပင်း -and စကားမပြောနိုင်သော
mad, insane	အရူး
madman	အရူး
madwoman	မင်းသမီး

to go insane	ရူးသွားဖို့
gene	မျိုးဗီဇ
immunity	ကိုယ်ခံစွမ်းအား
hereditary	မျိုးရိုးလိုက်သည်
congenital	မွေးရာပါ
virus	ဗိုင်းရပ်စ်ပိုး
microbe	ပိုးမွှား
bacterium	ဘက်တီးရီးယား
infection	ရောဂါကူးစက်
hospital	ဆေးရုံ
patient	လူနာ
diagnosis	ရောဂါ
cure	ကုသ
treatment	ကုသမှု
to get treatment	ကုသမှုခံယူရန်
to treat	ကုသရန်
to nurse	သူနာပြုဆရာမရန်
care	စောင့်ရှောက်မှု
operation, surgery	ခွဲစိတ်ကုသမှု, ခွဲစိတ်

to bandage	ပတ်တီးဖို့
bandaging	တီးဝိုင်း
vaccination	ကာကွယ်ဆေးထိုး
to vaccinate	ကာကွယ်ဆေးထိုးရန်
injection, shot	ဆေးထိုး, shot
to give an injection	တစ် ဦး ဆေးထိုးပေးရန်
attack	တိုက်ခိုက်မှု
amputation	ဖြတ်တောက်ခြင်း
to amputate	ဖြတ်တောက်ရန်
coma	ကိုးမား
to be in a coma	တစ် ဦး မေ့မြော၍ဖြစ်
intensive care	အထူးကြပ်မတ်စောင့်ရှောက်မှု
to recover	ပြန်လည်ထူထောင်ရန်
state	ပြည်နယ်
consciousness	သတိ
memory	မှတ်ဉာဏ်
to extract	ထုတ်ယူရန်
filling	ဖြည့်စွက်
to fill	ဖြည့်ရန်

| hypnosis | hypnosis |
| to hypnotize | hypnotize ရန် |

Medical specialties ဆေးဘက်ဆိုင်ရာအထူး

doctor	ဆရာဝန်
nurse	သူနာပြု
private physician	ပုဂ္ဂလိကဆရာဝန်
dentist	သွားဆရာဝန်
ophthalmologist	မျက်စိအထူးကုဆရာဝန်
general practitioner	အထွေထွေ Practitioner
surgeon	ခွဲစိတ်ဆရာဝန်
psychiatrist	စိတ်ရောဂါ
paediatrician	ကလေးအထူးကု
psychologist	စိတ်ပညာရှင်
gynaecologist	မီးယပ်အထူးကု
cardiologist	နှလုံးအထူးကု

Medicines ဆေးဝါးများ

| medicine, drug | ဆေး, မူးယစ်ဆေး |
| remedy | ဆေးတစ်ခွက် |

to prescribe	သတ်မှတ်ရန်
prescription	ဆေးညွှန်း
tablet, pill	တက်ဘလက်, ဆေးလုံး
ointment	ဆီမွှေး
ampoule	ကျောက်တုံး
mixture	အရောအနှော
syrup	ရည်
pill	ဆေးလုံး
powder	အမှုန့်
bandage	ပတ်တီး
cotton wool	ဝါဂွမ်း
iodine	အိုင်အိုဒင်း
plaster	အင်္ဂတေ
eyedropper	မျက်လုံး
thermometer	သာမိုမီတာ
syringe	ပြွတ်
wheelchair	ဝီးချဲ
crutches	ချိုင်းထောက်
painkiller	နာ

laxative	ယွတ်ည့်သည်
spirit, ethanol	စိတ်ဓာတ်, အီသနော
medicinal herbs	ဆေးဖက်ဝင်အပင်များ
herbal	ဆေးဖက်ဝင်အပင်များ

Smoking ဆေးလိပ်

tobacco	ဆေးရွက်ကြီး
cigarette	စီးကရက်
cigar	ဆေးပြင်းလိပ်
pipe	ပိုက်
packet	အစုံလိုက်
matches	ပွဲများ
matchbox	matchbox
lighter	ပိုမိုပေါ့ပါးသည်
ashtray	ဆေးလိပ်ပြာ
cigarette case	စီးကရက်အမှူ
cigarette holder	စီးကရက်ကိုင်ဆောင်သူ
filter	filter
to smoke	ဆေးလိပ်သောက်ရန်
to light a cigarette	စီးကရက်မီးထွန်းရန်

smoking	ဆေးလိပ်သောက်ခြင်း
smoker	ဆေးလိပ်သောက်
cigarette end	စီးကရက်အဆုံး
smoke	ဆေးလိပ်
ash	ပြာ